LE CONFLIT

ENTRE

L'ESPAGNE ET LE PÉROU

LE CONFLIT

ENTRE

L'ESPAGNE ET LE PÉROU

PAR

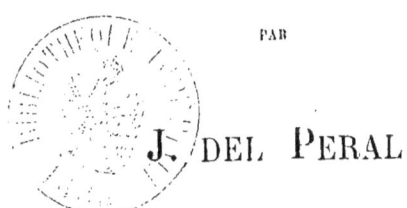

J. DEL PERAL

PARIS
CHEZ LES PRINCIPAUX LIBRAIRES

1864

Tous droits réservés.

LE CONFLIT

ENTRE

L'ESPAGNE ET LE PÉROU

Depuis l'origine du conflit existant entre l'Espagne et le Pérou, tous les journaux importants de l'Europe se sont occupés et continuent à s'occuper de cette question. A chaque arrivée du paquebot des Antilles, les colonnes de ces journaux contiennent à ce sujet soit une courte dépêche télégraphique, soit un entre-filet assez bref : mais cette manière laconique et irrégulière de présenter la question a eu l'inconvénient de semer la confusion dans les idées, en sorte que l'on peut la considérer comme à peu près inconnue du public.

Ceci est tellement vrai que plusieurs journalistes de Paris, de mes amis, m'ayant déclaré que l'origine du conflit et les phases diverses qui lui ont succédé leur étaient complétement étrangères, j'ai cru nécessaire de publier cette brochure afin de bien exposer la question et pour que le public pût juger en toute connaissance de cause.

Il paraît certain aujourd'hui que les armes vont décider en dernier ressort de la question du Pérou. En publiant cette brochure, je suis bien loin de la pensée de pousser à la guerre : en principe je suis l'ennemi de cette extrémité ; bien plus, je crois que la civilisation n'aura pas dit son dernier mot tant que le mot *guerre* ne sera pas rayé du dictionnaire de toutes les nations ; mais le présent et le passé de tous les peuples me prouvent malheureusement que le rêve souriant des amis de la paix ne sera peut-être jamais réalisé. Les lois de l'humanité admettent que la force des armes vaut mieux que celle de la raison, la société reconnaît que la guerre est un mal nécessaire, et la question péruvienne est aujourd'hui posée sur un terrain tel que ce mal nécessaire me paraît inévitable.

Le Pérou se refuse à entrer en arrangement avec l'Espagne à moins que cette dernière n'abandonne au préalable les îles Chinchas et ne salue solennellement son pavillon. Le Pérou fait ses préparatifs de défense et s'efforce de rallier à sa cause les autres républiques hispano-américaines : mais il n'est pas vraisemblable qu'aucune d'elles fasse cause commune avec lui, puisqu'il est bien établi que l'Espagne n'a aucune prétention de conquêtes nouvelles en Amérique, et qu'elle se borne à exiger du Pérou la juste satisfaction qu'il lui doit pour ses offenses multipliées.

Depuis l'indépendance de l'Amérique, toutes ces contrées ont cherché à établir des relations amicales avec la mère-patrie. L'Espagne, empressée de favoriser ces tendances, a accrédité sur-le champ des agents diplomatiques ou consulaires auprès des républiques Argentine, du Chili, de Venezuela, de la Bolivie, de Costa-Rica, de Nicaragua, de l'Equateur et du Paraguay.

Le Pérou seul n'a jamais témoigné ce désir ; bien au contraire, depuis la bataille d'Ayacucho jusqu'à nos jours, il n'a pas cessé de se montrer hostile à l'Espagne dans toutes les occasions, comme on pourra s'en rendre compte facilement par le récit des faits qui va suivre.

Un diplomate espagnol, M. Salazar y Mazarredo fut envoyé en mars dernier au Pérou, et sous le prétexte frivole que sa mission n'était caractérisée que par le titre de *Commissaire* et non par celui de Ministre plénipotentiaire, le chef du pouvoir exécutif refusa de le recevoir ; bien plus, à son retour de Lima, M. Salazar fut l'objet d'une tentative d'assassinat.

Voici, au surplus, le mémorandum adressé au cabinet de Madrid par ce diplomate, et que je traduis presque en entier.

Depuis que le gouvernement de Sa Majesté a reconnu solennellement, en 1836, l'indépendance du Mexique, son désir constant a été d'établir des relations de paix et d'amitié avec les nouveaux États de l'Amérique. Il n'a épargné dans ce but aucun genre de sacrifices, en prenant, tantôt l'initiative de l'envoi d'agents diplomatiques ou consulaires, tantôt en faisant des concessions importantes sur les traités et en envisageant avec indifférence les actes d'agression qui entravaient les négociations.

Une circonstance exceptionnelle justifiait la conduite de l'Espagne. Les anciennes provinces de la couronne de Castille, en

Amérique, étaient unies à la métropole par tous les liens qui constituent la fraternité entre les peuples, et certains procédés qui auraient pu sembler humiliants vis-à-vis de nations étrangères, n'étaient, dans le cas dont il s'agit, que de nouvelles preuves d'amitié et de considération.

La république du Pérou a été l'une des dernières à répondre aux avances du gouvernement de S. M. Isabelle II, et elle n'a ouvert ses ports au commerce de l'Espagne qu'après la conclusion du traité de reconnaissance de l'indépendance du Mexique.

Le général Echenique, président de cette république, accrédita auprès de la cour de Madrid don Joaquin de Osma quelque temps après le salut solennel adressé, au Callao, au pavillon péruvien par la corvette de guerre espagnole *Ferrolana*. Ce diplomate signa, en 1853, avec le ministre des affaires étrangères, M. Caldéron de la Barca, un traité reconnaissant l'indépendance du Pérou. Le gouvernement de Sa Majesté ne reçut même pas une réponse de courtoisie à l'acte important qu'il avait sanctionné. Bien plus, deux ans après l'expiration du terme fixé pour l'échange des ratifications, un journal non officiel de Lima ayant publié divers documents diplomatiques qui se rapportaient à cet acte, les numéros furent lacérés et conspués dans les rues de cette capitale par une bande de révoltés qui envahit en outre à grands cris l'hôtel du ministre des affaires étrangères. Le ministre d'alors, M. Paz y Soldan déclara que non-seulement le Pérou rejetait certaines expressions du traité, mais encore les bases elles-mêmes de la stipulation. C'est de cette singulière manière que le gouvernement de Sa Majesté apprit, en 1855, les véritables intentions de celui de la République du Pérou.

De 1853 à 1859, de graves événements motivèrent l'envoi à

Lima de M. Tavira, ministre de Sa Majesté au Chili, mais l'Espagne n'eut pas lieu d'être satisfaite du résultat de sa mission.

En 1860, M. Galvez, nouveau plénipotentiaire du Pérou, se présenta à Madrid, où il fut admis avec son caractère officiel par le ministre des affaires étrangères, et put conférer avec lui en cette qualité, quoiqu'il n'eût fait aucune mention du traité de 1853.

Tout présageait donc une heureuse solution lorsque le docteur don Pedro Galvez déclara tout à coup, avec une certaine arrogance, et en en faisant une condition *sine quâ non*, qu'il se refusait à suivre les négociations entamées, à moins d'être reçu, au préalable, en audience solennelle par Sa Majesté, en qualité d'envoyé extraordinaire et ministre plénipotentiaire du Pérou.

Le Cabinet, présidé par le général O'Donnell, répondit que M. Osma n'avait pas élevé de semblables prétentions, et que si l'Espagne accédait à une pareille exigence, un traité devenait inutile, puisque le fait d'une réception solennelle, accordée après tout ce qui avait eu lieu, équivalait à la reconnaissance définitive de la république.

Les conférences se terminèrent de cette manière, et le docteur Galvez quitta Madrid sans que le gouvernement de Sa Majesté parût tenir compte de manques d'égards si nombreux et si gratuits.

La série d'attentats dont furent victimes au Pérou des sujets de Sa Majesté depuis 1853, époque des négociations entamées entre les deux gouvernements, est peut-être plus grande que celle de la période où l'instabilité du nouvel ordre politique excusait jusqu'à un certain point les violences commises.

Des propriétés de sujets espagnols ont été enlevées à leurs maîtres légitimes, tantôt par des actes arbitraires, comme celui dont a été et continue d'être l'objet M. le comte de San-Isidro, tantôt par le défaut d'avis de la mort *ab intestat* d'Espagnols riches dont les héritiers résident dans la Péninsule. Des sociétés de bienfaisance, même de simples citoyens de la république, se sont emparés également de plusieurs fondations importantes dont la jouissance était exclusivement réservée, d'après les statuts, aux Espagnols.

M. Tavira aurait dû, en 1856, entamer des négociations basées sur ces faits, sur des assassinats dont les auteurs restèrent impunis, quoiqu'ils fussent bien connus, sur un outrage sanglant commis contre un Espagnol respectable, dont la propriété fut pillée par des agents de police, et qui, pour toute réponse à une demande de justice, fut souffleté publiquement par le général Vidal, gouverneur du Callao. Malheureusement, la mission de M. Tavira n'eut d'autre résultat ostensible pour le gouvernement de Sa Majesté que celui de connaître la mesure de la justice qu'il pouvait attendre de celui de la république.

Chargé de réclamer une indemnité pour la capture du navire espagnol *Maria y Julia*, capture reconnue illégale par le tribunal compétent, M. Tavira recevait du docteur Carpio, ministre des affaires étrangères, une réponse diplomatique dont le préambule indiquait de suite l'esprit dans lequel elle était conçue :

« Les nouveaux motifs exposés par l'honorable M. Tavira
« n'ont pas, aux yeux du gouvernement de la république, un
« caractère suffisant de conviction pour le disposer, etc., etc. »

La Sublime-Porte ne traite pas les envoyés de Tunis ou de Tripoli d'une manière plus hautaine que celle employée dans la ville de Pizarre vis-à-vis du représentant de la nation de Charles-Quint. La conduite du général Vidal et la note de M. Carpio appartiennent à un ordre d'idées identiques dont la base est une conviction parfaite de l'impuissance de l'Espagne à se faire respecter.

Ces forfaits continuaient sur divers points, lorsque survinrent, en 1863, presqu'à la vue de l'escadre espagnole, les événements de Talambo. Ce grave incident est trop connu pour que le soussigné ait besoin de le rappeler en détail.

Soixante familles de Guipuzcoa avaient été engagées en Espagne par un fondé de pouvoir du capitaliste don Manuel Salcedo, personnage politique influent, et transportées, en 1860, à sa propriété de Talambo pour cultiver le coton.

Dès leur arrivée, les clauses du contrat passé avec ces familles furent violées ; on leur en imposa un nouveau qui ne fut pas accepté par toutes et qui, pourtant, ne fut pas mieux exécuté. Non content des mauvais traitements infligés à ces pauvres laboureurs, M. Salcedo prétendit en dernier lieu les dépouiller d'une partie des terrains qui leur appartenaient. Sur le nombre des colons qui se soumirent, par la force des circonstances, à ces exigences nouvelles, un cinquième y trouva la mort, bien que la constitution de tous fût des plus robustes.

Le 4 août, les Guipuzcoans, au nombre de dix-huit, se rendirent dans la maison du propriétaire, à la suite d'une convocation qui leur avait été adressée dans le but de régler leurs différends, lorsqu'une soixantaine d'hommes armés pénétrèrent à l'improviste dans la cour et se ruèrent sur les Espagnols sans défense. L'un deux, Ormazabal, tomba mort et quatre autres, Miner, Sorazu, Fano et Arteaga furent blessés, les deux premiers, si gravement qu'on dut leur administrer sur le champ l'extrême-onction. La maison du mort fut ensuite saccagée et la femme Eguren et son fils succombèrent quelques jours après, à la suite de cette affaire. Après cette boucherie, les bandits gardèrent à vue les colons et leur firent subir les plus odieux traitements.

C'est un fait public et bien connu que don Manuel Salcedo assistait du haut de son balcon à cette horrible scène ; que son majordome Carmen Valdes dirigeait la bande des assassins ; qu'il leur distribua, par ordre de son maître, le salaire de leur scélératesse ; enfin que ces misérables furent logés et nourris aux frais de Salcedo.

Il est constant 1° Que les blessés et les autres Guipuzcoans restèrent dix-sept jours, depuis le 4 jusqu'au 21 août, gardés à vue par les mêmes assassins ;

2° Qu'un quart d'heure avant la catastrophe, le gouverneur de Chepen, chef du district, avait déjeuné avec don Manuel Salcedo, et qu'en sortant de chez lui il rencontra les assassins, et n'opposa aucun obstacle à leur sinistre projet ;

3° Qu'au nombre des assassins se trouvaient Manuel Suarez, inspecteur des eaux du domaine de Salcedo et deux envoyés du gouverneur de Chepen ;

4° Que quand le juge de paix de Chepen se transporta sur la propriété pour informer, il resta quatre jours sans prendre la moindre résolution, et que quand, plus tard, il reçut les déclarations des colons blessés et de leurs compagnons, ces derniers étaient toujours sous la garde des assassins armés.

Enfin que le 21 août, quand le sous-préfet de la province arriva sur les lieux avec le gouverneur du district et le juge de première instance, ces fonctionnaires y trouvèrent encore les assassins armés.

La direction imprimée à la cause de Talambo par la cour suprême de justice, et qui tendait à ajourner indéfiniment le châtiment des coupables donna lieu à une énergique protestation de la part du consul d'Espagne à Lima.

Peu de temps après cet attentat, plusieurs Espagnols furent insultés et maltraités sur divers points de la république, Ramon Prieto, à Singa, département de Junin, don Juan Jose Uceda et sa famille, à Polloc, près de Bayamarca, don Ramon Contador, à Chiclayo, Jose-Manuel Borra à Moyobamba, don Lorenzo Apaulaza, à Abancoy ; en un mot, il n'est peut-être pas un département où quelqu'un des sujets de Sa Majesté n'ait été lésé ou maltraité par suite de la connivence des délinquants avec les autorités administratives et judiciaires.

Le soussigné ne se propose pas d'exprimer son opinion sur la manière dont la justice est rendue au Pérou ; il se borne à rappeler les paroles prononcées à la Chambre des Communes, par M. Layard, sous-secrétaire actuel des affaires étrangères de la Grande-Bretagne, à propos de la discussion ouverte sur la réclamation du capitaine White :

« *Ce sujet de la couronne d'Angleterre a été traité comme beaucoup d'autres d'une manière cruelle ; il a eu le malheur de tomber dans les griffes de ce qui ne peut que par courtoisie s'appeler une cour de justice.* »

Ces attentats si répétés ont appelé naturellement l'attention du gouvernement espagnol, qui n'a donné aucun motif de plainte à celui de la république.

Le contraste entre les procédés des deux gouvernements ne saurait être plus frappant. Celui du Pérou a occasionné en pleine paix des préjudices considérables à des sujets de l'Espagne, et celle-ci a laissé les sujets péruviens avant, pendant et après la lutte, jouir librement et paisiblement des biens qu'ils possédaient dans la Péninsule. Les vice-rois et généraux espagnols au Pérou ne confisquèrent ni ne sequestrèrent, pendant la guerre, aucune propriété mobilière ou immobilière appartenant aux Péruviens, et cette affirmation du soussigné se trouve confirmée dans les articles revêtus des signatures les plus remarquables, et publiés dans le journal le *Commercio de Lima*, dont la rédaction est habituellement impartiale quand il s'agit de l'Espagne.

Le gouvernement de la Reine admit les consuls du Pérou sans aucune difficulté, et à Lima on refusa à celui de l'Espagne les égards qui lui étaient dus. Bien plus, le Pérou retira brusquement les siens des ports de l'Espagne sous le prétexte le plus insignifiant.

En 1863, le ministre Paz y Soldan refusa l'exequatur à un sujet de Sa Majesté, nommé vice-consul en remplacement du consul antérieur. Le cabinet de Madrid, loin d'insister sur son admission, poussa la complaisance jusqu'à le remplacer par un autre agent d'une catégorie plus élevée, parce que la nomination du nouveau titulaire, citoyen de la république, quoique originaire de la Biscaye, était agréable au cabinet de Lima. La condescendance du gouvernement espagnol, en cette occasion, lui créa même certaines difficultés avec le cabinet des Tuileries. La France voyait avec peine accorder cette faveur à un personnage dont la conduite lui avait été hostile en plusieurs occasions.

Le gouvernement espagnol ne crut pas devoir s'immiscer dans les grands différends qui surgirent en 1859 entre le Pérou et la république de l'Equateur; cependant il jugea convenable, à cette occasion, de démontrer le peu de fondement de certaines accusations.

Le gouvernement du Pérou fut le seul de l'Amérique qui protestât contre l'annexion de Saint-Domingue. Il méconnut la droiture des intentions de l'Espagne vis-à-vis du Mexique; il souffrit que la Reine fût calomniée, et que des secours fussent envoyés aux troupes de Juarez.

Le Président du Pérou essaya même alors d'organiser une coalition des autres États hispano-américains, dirigée en réalité contre l'Espagne; il resta sourd aux réclamations énergiques de son gouvernement, et ne renonça plus tard à ses projets que parce que, dans les autres républiques, les droits de la justice pesèrent plus que la crainte de complots imaginaires. Quelles raisons le gouvernement du Pérou a-t-il eu pour exciter contre celui du soussigné les haines de toute l'Amérique, lorsque l'expédition du Mexique, justifiée à tant de titres, s'est réalisée, et lorsque l'annexion de Saint-Domingue s'est vérifiée? Absolument aucune, s'il avait, dans cette occasion, suivi la prudente et sage conduite de la république du Chili.

Deux partis opposés se disputaient depuis longues années la domination à Saint-Domingue, et les gens sensés de cette île sollicitaient en masse, plusieurs nations de l'Europe et de l'Amérique de leur donner un gouvernement, profondément convaincus, comme ils l'étaient, que la république livrée à elle-même, n'avait aucune condition de viabilité.

Tous les gouvernements, y compris l'Espagne, refusaient d'accepter ce triste legs : cependant, au bout de douze années, l'Espagne, émue de tant de sollicitations suppliantes, d'une situation aussi déplorable, et tenant compte de la proximité de Saint-Domingue avec ses possessions de Cuba et Puerto-Rico, accueillit enfin les vœux du peuple dominicain. S'appuyant à la fois sur le parti de Santana et sur celui de son concurrent Baëz, cette puissance travailla ardemment à la réorganisation du pays et dépensa des sommes considérables. Tout à coup, lorsqu'elle se reposait sur la loyauté de ses nouveaux sujets, auxquels était confiée la garde de toutes les forteresses, le capitaine-général, qui n'avait avec lui que 1,200 hommes, se trouva surpris par une insurrection tramée à l'étranger.

Le gouvernement du Pérou peut être tranquille. L'Espagne ne songe pas à renouveler ses trois cents ans de domination que les orateurs et les écrivains de la république se sont plu à qualifier *de trois siècles d'un honteux esclavage soutenu par des tigres altérés de sang.*

L'Espagne n'y songe même pas, parce que l'Amérique fut la principale cause de sa décadence : elle redevient grande aujourd'hui parce qu'elle a concentré en elle-même toutes les forces dont elle dispose : elle se consacre avec fruit à développer les grands éléments de prospérité que renferme son sol privilégié. L'Amérique a privé l'Espagne de liberté, de populaton, d industrie et d'agriculture.

La glorieuse découverte de Colomb lui enleva une génération de contemporains des hommes de 1525, qui auraient consolidé le système constitutionnel le plus ancien de toute l'Europe. Sans l'Amérique, la péninsule ibérique aurait à présent quarante millions d'habitants, richesse cent fois plus précieuse que tous les métaux du Mexique et du Pérou, et la brillante jeunesse hispano-américaine travaillerait aujourd'hui avec celle de l'Espagne à la régénération d'une même patrie.

Dans l'Amérique du Sud seulement, à la vue de cette nature exubérante, en présence d'un immense territoire, sous l'influence de son climat, devant les souvenirs de l'Espagne que l'on rencontre à chaque pas, on comprend ce dont est capable la puissance castillane, lorsque de fâcheux obstacles n'entravent pas son libre arbitre. — Chacun se dit qu'au lieu de maudire leurs ascendants, les écrivains du Pérou feraient beaucoup mieux de se rappeler, avec un légitime orgueil, les hauts faits de leurs ancêtres et l'ère de paix et de prospérité qui en résulta et dont il n'y a pas d'exemple dans les annales de l'Europe.

L'Espagne reconnaîtra l'indépendance du Pérou et celle de tous les peuples de ce continent, parce qu'elle ne ressent ni soif de vengeance, ni aucun désir d'établir en Amérique des dynasties européennes. Si cette noble nation était animée de pareils sentiments, elle pourrait se réjouir du contraste frappant que présente la situation misérable de quelques-unes de ces républiques avec la prospérité actuelle de l'île de Cuba, hier encore misérable, aujourd'hui le plus précieux joyau de la couronne; mais l'Espagne n'est jamais heureuse du mal d'autrui; bien au contraire, elle saluera avec joie le jour où elle pourra s'écrier, à l'imitation des maximes de l'Évangile : « *Ces fruits sont aussi le témoignage de ma vie.* »

La responsabilité du gouvernement péruvien dans tous les attentats dont les sujets de Sa Majesté ont été victimes pendant un demi-siècle, ne peut pas être plus évidente, et les fastes diplomatiques présentent peu d'exemples semblables. La centralisation administrative lui accorde des pouvoirs très-étendus que le pays ne lui dispute pas, et même les fonctionnaires publics trouvent un appui énergique, dans l'exercice de leurs fonctions, de la part des citoyens. Ces attentats sont-ils l'effet d'une haine innée chez les Péruviens, qui rend inefficace toute la vigilance du gouvernement?

Le soussigné examine simplement cette hypothèse, parce qu'il ne veut laisser subsister aucun argument, quelque fragile que soit la base sur laquelle il repose, et parce qu'il est bien temps que la vérité l'emporte sur la calomnie et l'ignorance.

Depuis le milieu du seizième siècle, le gouvernement espagnol envoya au Pérou des gouverneurs éclairés et des membres du clergé, tels que Mogrovejo, Guerra et autres, dont les actes sublimes constituèrent une des gloires du catholicisme. Ils introduisirent dans les lois des Indes des clauses tellement favorables pour les indigènes, qu'aujourd'hui même, dans notre siècle impartial, leur sollicitude exquise fait l'admiration des écrivains les plus remarquables du nord de l'Amérique, de l'Angleterre, du Chili et de la Colombie.

L'Espagne est aussi la nation par excellence, qui, loin de considérer comme des parias les habitants primitifs, s'est confondue avec eux en se les assimilant entièrement en Amérique et aux îles Philippines, et en leur donnant dans la pratique des garanties plus grandes que celles dont elles jouissent de fait actuellement.

Le premier vice-roi du Pérou, Nunez de Velas, eut à comprimer un soulèvement des colons, aussitôt après sa prise de possession (1544).—Cette révolte se basait sur le prétendu grief : « Que « les nouveaux règlements étaient aussi favorables aux Indiens « que préjudiciables aux Espagnols. »

Les villes du Pérou attestent encore aujourd'hui par leurs édifices la sollicitude du gouvernement espagnol : les noms propres de la plupart des familles indiquent à eux seuls leur origine commune avec celle des plus illustres de l'Espagne.

Deux siècles s'étaient écoulés depuis la colonisation, et néanmoins les autres provinces d'Amérique reprochaient à la cour de Madrid la partialité qu'elle semblait témoigner pour le Pérou, l'objet de sa prédilection filiale. Si, dans les premières années, des injustices furent commises, le gouvernement espagnol chercha sur-le-champ les moyens de les réprimer sans s'arrêter à

des considérations, toutes puissantes alors, de rivalité nationale, de fanatisme religieux et de la perturbation immense produite par la splendeur d'un nouveau monde. Les descendants de ces Espagnols sont aujourd'hui Américains, et tous ceux qui leur adressent des injures renient leur propre origine, si le sang castillan coule dans leurs veines.

Les jours de paix passés et la lutte de l'indépendance commencée, le gouvernement de Sa Majesté persista dans sa conduite conciliante à tel point que l'un des premiers hommes d'État du Pérou et un diplomate, également Péruvien, ont rendu justice dans des écrits récents à la générosité des généraux espagnols pendant tous les événements de la guerre, de même qu'à *la prudence, à la justice* et *à la bonté* des vice-rois Abascal, Pezuela et Laserna. La modération des fonctionnaires espagnols fut à cette époque d'autant plus méritoire qu'ils durent faire les plus grands efforts pour réprimer la juste indignation de leurs troupes à la vue des actes de cruauté commis par le général San Martin. L'histoire n'oubliera pas non plus qu'à la rencontre d'Ayacucho (décembre 1824), qualifiée justement de bataille, en raison des résultats qu'elle a produits, l'armée qui soutint les droits de l'Espagne contre les troupes de la Colombie, commandées par le général vénézuelien Sucré, était encore composée de Péruviens pour la plus grande partie. Et cependant, plusieurs provinces d'Amérique avaient déjà proclamé leur indépendance depuis 1810.

Il est également certain que lors de la capitulation de Callao, accomplie en janvier 1826, le brigadier Rodil n'avait sous ses ordres, dans sa mémorable défense, qu'un très-petit nombre d'Espagnols.

Le peuple de la république professe, comme les Espagnols,

pour la foi catholique une vénération semblable à celle qui inspirait ses ancêtres Quand le Pérou indépendant éleva un monument à Colomb, au lieu de le représenter au moment où il découvrit le nouveau monde, il voulut que son image, apparût à la nouvelle race, avec le labarum du Christ, comme la piété d'Isabelle la Catholique avait compris le grand navigateur.

Les citoyens de cette république ne peuvent donc pas être des ennemis systématiques et acharnés de la péninsule et de ses représentants; mais le pouvoir exécutif, poussé par la passion politique et croyant peut-être enraciner aussi davantage la pensée de l'indépendance nationale, a cherché à pervertir l'esprit de deux générations successives et à inspirer à la jeunesse une aversion profonde contre l'Espagne. Se vanter publiquement d'être hostile aux souvenirs de la métropole est devenu une recommandation essentielle auprès de l'une des dernières administrations pour obtenir de l'avancement dans les services publics, et de nombreux exemples confirment cette assertion.

Le gouvernement de Sa Majesté ordonna qu'une division navale, commandée par le contre-amiral Pinzon, se rendrait dans les eaux du Pacifique; immédiatement M. Paz y Soldan, président du cabinet de Lima, aujourd'hui procureur fiscal de la cour suprême et dont la conscience se sentait coupable, s'empressa de demander aux Chambres des pouvoirs extraordinaires, absolument comme si l'autonomie du Pérou était en péril. Les Chambres lui répondirent en refusant à l'unanimité l'autorisation demandée, et les bâtiments espagnols, imitant ce qui avait été pratiqué en 1851, saluèrent au Callao le pavillon de la place, donnant ainsi un démenti à d'injustes défiances.

L'Espagne et la République du Pérou ne sont pas liées par des stipulations diplomatiques, le traité de 1853 ayant été rompu par le Pérou, malgré les concessions importantes qu'on lui fit alors. Le droit des gens aurait dû, par cela même, couvrir plus que jamais les sujets de la Reine. Le Gouvernement, cependant, n'a pas rempli ses obligations, et, pour les éluder, il s'appuie sur ce que son indépendance n'a pas été reconnue, comme si le droit positif, créé par les traités, était antérieur aux devoirs que remplissent, par respect pour l'humanité, tous les gouvernements qui aspirent à se ranger sous la bannière de la civilisation moderne.

On ne doit pas s'étonner que les autorités se soient renfermées dans l'accomplissement de leurs devoirs, et qu'on ne rende pas justice aux Espagnols *délaissés*, si l'on considère que le gouvernement suprême, par sa conduite, par son zèle, — que rien ne motive, — par son ardeur à exciter l'opinion contre l'Espagne, doit être regardé comme l'auteur indirect de très-graves désordres.

Dans la sphère des idées comme dans l'ordre physique, il existe un enchaînement fatal qui produit, étant données des causes analogues, les mêmes résultats; et un gouvernement qui s'est montré, en tout ce qui concerne l'Espagne, le promoteur infatigable de conflits durant un demi-siècle, ne peut que difficilement trouver un appui, soit auprès du peuple, soit auprès de ses fonctionnaires pour châtier ces crimes.

L'administration actuelle, composée d'hommes publics, qui ont leur politique à eux, aurait pu modifier convenablement celle de leurs prédécesseurs; mais elle commença par les sanctionner, jusqu'à un certain point, en repoussant les bons offices de la France, à propos la note que Son Exc. le ministre des affaires étrangères adressa à M. de Lesseps, le 11 décembre dernier, et qui était la confirmation définitive de celle qui lui a été remise le 13 novembre 1862, par son prédécesseur, M. Paz y Soldan.

Jusqu'à présent les sujets de Sa Majesté avaient trouvé protection sous le pavillon français; il n'en sera plus ainsi dorénavant; et c'est une coïncidence fâcheuse que celle de la multiplication des attentats et des violences depuis l'arrivée de l'escadre espagnole dans les eaux du Pacifique.

Dans les notes mentionnées plus haut, l'intervention officieuse de la France était repoussée par le gouvernement péruvien, sous prétexte que celui-ci préférait traiter directement avec l'Espagne.

Aussitôt que le gouvernement de la Reine apprit que la généreuse médiation de la France avait été refusée pour la seconde fois, il conféra au soussigné une mission diplomatique *urgente et extraordinaire*, avec le titre de Commissaire spécial. Le 20 mars, ce dernier demanda une audience à M. le ministre des affaires étrangères, dans le but de lui remettre la lettre de créance du premier secrétaire d'État de Sa Majesté. Cette audience lui fut accordée pour le 30, deux jours après le départ du paquebot bi-mensuel.

Le 1er avril, le gouvernement du Pérou repoussa la dénomination de Commissaire spécial, sous prétexte *que ce titre n'étant pas conforme aux règles et aux usages diplomatiques, il pourrait en résulter des embarras dans le cours des négociations ;* et il exigea du soussigné qu'il acceptât, comme condition préalable et absolue, celle d'agent confidentiel. Le représentant d'une nation ne peut pas être reçu avec un caractère distinct de celui dont il a été revêtu par son gouvernement, et la réponse de M. Riveiro fut une nouvelle offense à la nation espagnole.

Le titre de Commissaire est admis par beaucoup d'auteurs de droit international très connus, et dans la pratique, par plusieurs nations de l'Europe.

Le traité le plus important conclu dernièrement entre la

France et l'Espagne a été signé par deux hauts fonctionnaires français et MM. le général Monteverde et Marin, sénateurs du royaume, à titre de commissaires. Les souvenirs laissés par la mission de M. Tavira, qui arriva à Lima en 1860, en qualité d'agent confidentiel, ne permettaient pas, dans la situation présente, au gouvernement de Sa Majesté, de donner à son représentant une semblable dénomination; aussi M. le président du conseil des ministres crut-il devoir insister sur ces mots : « *Je prie Son Excellence de le reconnaître en cette qualité de Commissaire spécial.* » D'un autre côté, le fait de n'avoir pas encore reconnu définitivement la république du Pérou l'empêchait d'accréditer le soussigné avec le caractère d'Envoyé extraordinaire et Ministre plénipotentiaire.

La conduite de l'administration du général Pezet conserve une parfaite harmonie avec celle des gouvernements précédents. Celui de l'Espagne signa à Madrid, avec le représentant du Pérou, un traité qui est désapprouvé à Lima. Des événements surviennent dans la république, qui appellent sérieusement l'attention du gouvernement espagnol, et celui du Pérou redoutant les conséquences et voulant les éluder, accrédite à Madrid un nouveau ministre avec des instructions qui rendaient impossible la bonne issue des négociations.

L'Espagne recourt alors aux bons offices de la France, son alliée, et le Pérou répond qu'il désire s'entendre directement avec le gouvernement espagnol. Le soussigné arrive à Lima et M. le Ministre des affaires étrangères témoigne aussitôt des bonnes dispositions de son gouvernement à l'égard de son ancienne métropole. Dans le seul but de gagner le temps nécessaire pour réaliser des opérations financières, dont la pensée, hostile à l'Espagne, n'a pu rester cachée, il élève des difficultés et prétend donner au gouvernement de Sa Majesté une leçon de formes diplomatiques, entourée de phrases, dont la sincérité est démentie par la logique inflexible des faits. Le gouvernement s'est rangé, par conséquent, du côté de l'opinion exprimée par quelques-uns des hommes les plus importants du Pérou, tels que M. Mariatégui, président actuel de la cour suprême de justice, qui ont récemment censuré l'ouverture des ports de la République au pavillon espagnol, et dit hautement qu'un traité avec l'Espagne était la dernière chose dont le gouvernement péruvien dût s'occuper.

En attendant, les malheureux Espagnols qui, sur la foi de promesses toujours illusoires abordent sur ces rivages, ne trouvent aucune protection; les autorités qui ont enfreint les lois sont restées en fonctions; les assassins, loin d'être punis, osent se faire les accusateurs de leurs victimes, et un grand nombre de ces enfants d'une grande nation implorent au Pérou la charité publique.

Les motifs qui viennent d'être exposés renferment en eux-mêmes un enseignement dont l'importance ne saurait échapper à la pénétration des hommes d'État de tous les pays. Une politique conciliante a aggravé le conflit parce que la modération a été pour le gouvernement du Pérou synonyme d'impuissance.

Signé : EUSEBIO DE SALAZAR Y MAZARREDO.

Lima, 12 avril 1864.

Maintenant que la lecture du document qui précède a mis le public au courant de la situation jusqu'à la fin de la mission de M. Salazar y Mazarredo, il ne me reste plus qu'à lui faire connaître les suites de l'affaire.

J'ai déjà dit que M. Salazar avait été l'objet d'une tentative d'assassinat à son retour en Espagne : quelques journaux ont nié ce fait ; mais voici ce que contenait, à cet égard, l'un des derniers numéros arrivés en Europe du *Courrier des États-Unis* :

« M. de Zeltner, consul de France, vient de recevoir de Son Exc. M. Drouyn de Lhuys des présents destinés à plusieurs employés supérieurs de la Compagnie du chemin de fer de Colon à Panama.

« MM. Totten et Parker ont reçu chacun une riche bague en diamants au chiffre de S. M. Napoléon III, et M. Nelson une magnifique paire de pistolets de tir damasquinés en or, et dont la précision et le travail artistique ont été très-remarqués à la dernière Exposition universelle de Londres.

« Le gouvernement français a voulu récompenser la présence d'esprit et le zèle dont ces messieurs ont fait preuve dans la nuit du 20 mai dernier et dans la matinée du 21, en organisant un voyage de nuit pour MM. de Zeltner, Mazarredo et Lora, et en empêchant qu'ils ne soient rejoints par une bande de nègres armés et envoyés de Panama pour s'emparer des papiers importants que portait le commissaire royal espagnol, M. de Salazar y Mazarredo, et pour s'opposer à son embarquement pour l'Europe. »

Ces faits sont la meilleure réponse à ceux qui ont qualifié de fable la tentative de meurtre contre le diplomate espagnol. D'ailleurs M. de Zeltner, dont il est question plus haut, et qui avait déjà reçu de la reine d'Espagne, pour sa noble conduite, la plaque de commandeur d'Isabelle la Catholique, vient d'être nommé, par S. M. l'Empereur, chevalier de la Légion-d'Honneur.

Le ministre des affaires étrangères d'Espagne, adressa une circulaire à tous ses agents diplomatiques à l'étranger, dans laquelle il rappelait tous les torts et toutes les offenses prodiguées à l'Espagne par le Pérou : l'Espagne, néanmoins, ne crut pas devoir lui déclarer la guerre, et elle se contenta de proposer certaines bases pour l'arrangement des questions pendantes. Les propositions dont le texte se trouve à la fin de la brochure parurent, en Espagne, à un grand nombre de personnes, empreintes d'un esprit d'indulgence excessive, et cependant elles furent repoussées par le cabinet de Lima, comme attentatoires à sa dignité.

Le gouvernement de la Reine désapprouva, en outre le mot de *revendication* formulé par ses agents, au moment de l'occupation des îles Chinchas, quoique tous les deux, dans l'exercice de leurs devoirs, eussent fait preuve du plus grand zèle, et que la vie de M. Salazar eût même été compromise sur cette terre inhospitalière.

Ce diplomate, ainsi que l'amiral Pinzon, déclarèrent solennellement, en prenant possession des îles Chinchas, que le guano existant dans ces îles continuerait à servir d'hypothèque pour les sommes avancées au Pérou par des sujets étrangers, avec la garantie expresse que les contrats respectifs auraient été approuvés et publiés antérieurement à la prise de possession.

L'occupation par la flotte espagnole des îles Chinchas n'a nullement empêché la continuation de l'exportation du guano par les compagnies étrangères qui avaient des contrats antérieurs ; personne n'a eu la moindre plainte à formuler, ainsi que l'ont déclaré, à Madrid, plusieurs représentants de nations étrangères.

Le guano représente presque toute la richesse de la république péruvienne, et l'Espagne ayant ainsi en main les finances du Pérou peut se rembourser facilement des frais que la guerre lui occasionnerait.

L'Espagne a voulu démontrer au monde entier qu'elle a donné, jusqu'à la plus extrême limite, la preuve irrécusable de sa modération et de sa prudence : personne non plus ne peut l'accuser d'abuser de sa puissance. L'Espagne offre la paix ; mais elle accepte la guerre,

Le gouvernement péruvien et la masse des citoyens de cette république ne peuvent qu'être convaincus de l'injustice de leur cause ; mais il est à craindre qu'ils n'agissent sous la pression d'une minorité audacieuse et turbulente, comme cela se voit malheureusement, non seulement en Amérique, mais en Europe.

S'il en est ainsi, la présence de l'escadre espagnole dans les eaux du Pacifique doit encourager le parti de l'ordre et de la paix, et il se pourrait bien que le conflit se terminât par un traité d'amitié avantageux pour les deux nations.

Je crois être bien informé en affirmant que le cabinet de Madrid est animé d'un vif désir de conciliation, et qu'il serait heureux de voir accueillir favorablement les bases du traité qu'il propose ; je suis certain également que la France, toujours loyale et sympathique à la Péninsule, partage le même sentiment.

L'amiral Pareja porte sur son navire, à la fois l'olivier de la paix et le glaive du combat; si le vœu général en faveur de la paix ne doit pas se réaliser, et si l'amiral espagnol est forcé de tirer le premier coup de canon, la responsabilité tout entière de cet acte retombera sur le Pérou. Nul doute que l'opinion publique donnera raison à la nation qui, à bout de patience, se sera vue forcée d'en appeler aux armes pour venger des offenses aussi multipliées.

Bases d'un arrangement définitif sur les questions pendantes, proposées par le gouvernement espagnol à celui du Pérou.

1º Le gouvernement péruvien enverra à Madrid un haut représentant diplomatique, qui devra déclarer en son nom et avec toute la solennité voulue, qu'il désapprouve le projet conçu par les autorités du Callao de faire emprisonner le secrétaire du Commissaire de l'Espagne ; que les autorités précitées ont été destituées ; qu'en outre le gouvernement péruvien n'a nullement participé aux tentatives contre la personne du Commissaire de l'Espagne, tentatives exercées par des Péruviens pendant le voyage de ce personnage, depuis le Callao jusqu'à Paita, Panama et Aspinwal, et qu'il est prêt à en châtier les auteurs.

2º Le gouvernement espagnol enverra un représentant à Lima avec mission de réclamer l'intervention de la justice et son application immédiate dans la cause de Talambo ; ce représentant sera accrédité de la même manière que le fut M. Salazar, et ce nouveau Commissaire sera reçu par le gouvernement péruvien.

3º Immédiatement après cette réception, les îles Chinchas seront remises au Commissaire qui sera nommé à cet effet par le gouvernement péruvien.

4º Le Pérou nommera et enverra un plénipotentiaire en Espagne, dans le but d'effectuer sur des bases raisonnables et avec la plus entière bonne foi, un traité entre cette république et la nation espagnole, semblable à ceux qui existent déjà avec les autres républiques hispano-américaines.

N. B. Au moment de l'impression de cette brochure, le ministère espagnol a subi une modification, et M. Benavides a été chargé du portefeuille des affaires étrangères, en remplacement de M. Llorente.

Je suis certain que cette modification ne changera en rien la décision toute patriotique du cabinet espagnol au sujet de cettte affaire.

FIN

Paris, Imp. Balitout, Questroy et Cⁱᵉ, 3, rue Neuve-des-Bons-Enfants.

www.ingramcontent.com/pod-product-compliance
Lightning Source LLC
Chambersburg PA
CBHW060917050426
42453CB00010B/1773